BONJOUR LOUIS !

AVEC CE LIVRE, VOUS ALLEZ VOUS FAIRE DU BIEN.

NOTRE PRÉNOM A UN POUVOIR FOU

La plupart des gens aiment leur prénom, c'est naturellement leur mot préféré. Notre prénom, c'est nous. Notre prénom nous colle à la peau. Regardez ! Lorsque vous entendez "Louis... Louis !", cela attire tout de suite votre attention. Nous savons que les mots qui suivent notre prénom nous sont destinés. Notre prénom fait aussi partie des premiers mots que nous avons appris, de ceux que nous avons le plus souvent entendus. Notre prénom EST nous, plus encore que nous le pensons.

QUI VOUS ENCOURAGE AUJOURD'HUI ?

Lorsque vous étiez enfant beaucoup de gens vous ont dit "Bravo Louis" ou "C'est bien Louis" pour vous encourager dans vos apprentissages. Ces mots vous ont permis de grandir et de progresser. Mais aujourd'hui, qui vous dit encore "Génial Louis" ? Qui vous encourage dans vos projets, qui vous file la pêche quand vous êtes un peu down ?

Ces coloriages nous reconnectent à des idées et des intentions positives pour **nous inciter à nous aimer plus, nous encourager à faire des choses nouvelles, nous aider à nous sentir bien**, nous permettre d'apprécier la vie, nous pousser à voir ce qu'il y a de beau dans le monde. Et ça marche parce que, les phrases positives s'associent à notre prénom.

Louis
BONNES
VIBES
BON ESPRIT
BONNE
VIE

LOUIS

DÉCIDE

tous les jours

QU'IL

VA ÊTRE

HEUREUX

J'irai au bout de mes rêves. j'irai encore plus loin que vous le pensez, tellement loin que j'irai voir ailleurs et j'y serai. J'irai chanter sous vos fenêtres, j'irai ici et j'irai là-bas. J'irai mieux, j'irai bien j'irai marcher pieds nus sur les plages, voir des milliers de soleils se lever

LOUIS

xxx

Tu vas VIVRE encore tant de belles journées, Louis

J'AI TANT DE CHOSES À FAIRE :
FAIRE L'AMOUR, FAIRE UNE SIESTE,
FAIRE MES BAGAGES,
NE RIEN FAIRE,
ME FAIRE DU BIEN, FAIRE DU VÉLO, FAIRE LE MUR,
ET LES PROBLÈMES, PLUS RIEN À FAIRE,
FAIRE LA FÊTE,
TOUS LES JOURS, FAIRE DU BRUIT,
FAIRE LE PLEIN DE LUMIÈRE,
DE SOURIRES, DE CARESSES,
DE BEAU, DE BON.
BREF, FAIRE MA VIE.

LOUIS

Louis
a des
nuits
belles
douces
paisibles
idéales

Je veux le soleil du printemps sur ma peau je veux ta peau sur la mienne, je veux des dimanches matin au lit, je veux rêver que je peux changer le monde, je veux sentir encore ce que ça fait d'être heureux, je veux entendre les enfants rire, je veux une vie toujours belle, je veux être libre et être ivre un soir d'été avec mes amis, je veux aimer, et je veux le monde.

Louis

De bonnes choses vont venir Louis

SI TU PEUX LE **rêver**

LOUIS

TU PEUX LE **faire**

ÇA PARAÎT TOUJOURS IMPOSSIBLE JUSQU'À CE QUE ÇA SOIT FAIT

LOUIS

Je suis comme je suis
je suis comme ci, je suis comme ça
je suis ici et je suis là.
Je suis fait pour
être moi.
Et je suis aussi
le meilleur,
je suis celui que
je veux être.
Je suis sûr de moi,
OH oui ! je suis
certain de ça. LOUIS

Louis
est tout
simplement
parfait
extraordinaire
génial !

LOUIS : MON PLAN

Réfléchir

Continuer

Avoir l'idée

Encore et encore et encore

Réussir

Essayer

Refaire

Faire

LA VIE
ET RIEN
D'AUTRE
LOUIS

LES ÉNERGIES POSITIVES TE TROUVERONT LOUIS

Je m'aime le lundi,
je m'aime les autres jours aussi,
je m'aime et personne ne le fait aussi bien,
Je m'aime pour toujours
Je m'aime un peu
Beaucoup, à la folie,
je m'aime à la ville, à la campagne,
Je m'aime enfant,
je m'aime grand, grand comme ça,
je m'aime tellement.

LOUIS

LOUIS

Aujourd'hui quelqu'un va sourire en pensant à Toi

Parce qu'ils ne savaient pas
que c'était impossible
ils l'ont Fait,
oui c'est vrai, rien n'est facile
mais tout est possible,
parce qu'on ne perd pas, on apprend,
parce que le dernier d'une course
est devant ceux qui ne courent pas,
parce que vivre
c'est apprendre
à danser sous la pluie.

LOUIS

C'EST FINI...
OH NON PAS DÉJÀ

VOUS AVEZ AIMÉ CE LIVRE ?

Postez vos dessins et découvrez ceux des autres en utilisant le hashtag #moiformidable sur Instagram et Facebook.

Et donnez-nous votre avis sur Amazon, ça nous ferait très plaisir.

VOUS VOULEZ DES BONUS ?

Retrouvez des inspirations de coloriage sur **MoiFormidable.com.** Pour recevoir un petit bonus, écrivez à **hello@moiformidable.com**. Nous vous enverrons plusieurs des dessins du livre à imprimer en version A3 (mais sans prénom cette fois). L'idéal pour se faire des petits posters motivants !

PROCRASTE & NOBEL

édite aussi

Et ils sont disponibles en **exclusivité** sur Amazon

Printed in France by Amazon
Brétigny-sur-Orge, FR

16416177R00060